vmn

W.B.
s.i.f. 94.

Gerda Gränzig

Das Berliner Wilhelm-Busch-Album

mit

Max un Moritz

Hans Huckebeen

Plisch un Plum

un andre Jeschichten

vmn
Verlag M. Naumann

Gesamtherstellung:
Danuvia Druckhaus Neuburg GmbH,
86633 Neuburg/Donau

ISBN 3-933575-59-1

Die Abbildungsvorlagen stellte das
Wilhelm-Busch-Museum, Hannover, zur Verfügung.

Die Deutsche Bibliothek – CIP-Einheitsaufnahme
Ein Titelsatz für diese Publikation ist bei
der Deutschen Bibliothek erhältlich.

vmn
Verlag M. Naumann
Eicher Str. 4, 61130 Nidderau
Tel. 06187 22122, Fax 06187 24902
eMail: info@mundartverlag.de
Besuchen Sie uns im Internet:
www.mundartverlag.de

Inhaltsverzeichnis

Wilhelm Busch auf Berlinisch?

Als Exil-Berliner hatte ich da meine Zweifel. Wie kann ein moderner Großstadtdialekt die Enge der dörflichen Welt des »Max und Moritz« oder die Beschränktheit des Milieus von Paul und Peter und ihrer Hunde wiedergeben? Und muß nicht eine Nachdichtung wegen der Nähe des Berliner Stadtdialekts in eine stereotype Form des *icke-icke* abgleiten? Bei näherem Hinsehen sind Buschs Niedersächsisch und Berlinisch jedoch ähnlicher als vielleicht erwartet. Die sprachliche Schnoddrigkeit des Berliners entspricht Buschs Stil und Lebenssicht, und treffend wird die Parallele zwischen dem liebevoll geschilderten Chaos in der Küche der Fittigs mit einem großen Berliner Zeichner und Sozialkritiker hergestellt:

Kurz, det siehste ohne Brille;
det Milljöh vom ollen Zille!

Gerda Gränzig ist ein Glücksfall, was die Umsetzung von Buschs Texten in rassiges Berlinisch angeht: Unsentimental dem Volke aufs Maul schauend, überläßt sie es dem Leser, Ironie und Schnauze mit Herz zwischen den Zeilen herauszulesen. Besonders geglückt sind die zahlreichen Anspielungen, die die Originale ungezwungen in die Berliner Landschaft übertragen:

Hastn Onkel anne Panke,
Havel oda Krumme Lanke …

Schließlich hat sie ja seit langem in ihren Rundfunksendungen und gedruckten Erzählungen den Berliner Dialekt liebevoll und überzeugend einzubringen gewußt. Ich bin sicher, daß Wilhelm Busch an Gerda Gränzigs Übertragungen seine Freude gehabt hätte, und freue mich, daß die ursprünglich für meine Sammlung überarbeiteten oder neu übersetzten Bildergeschichten jetzt vereint in einem Berliner Wilhelm-Busch-Album erscheinen können: ein schönes Denkmal für den trotz allen Wandels offensichtlich unvergänglichen Berliner Dialekt.

Professor Dr. Manfred Görlach,
Erftstadt-Liblar

Quellen:

Manfred Görlach (Hrsg.): Max und Moritz von A bis Z, in deutschen Mundarten von Aachen bis Zips.
– Universitätsverlag C. Winter, Heidelberg 1995, S. 30 ff (überarbeitete Version, zuerst 1990;
Max un Moritz. Ne Rabaukenjeschichte in siem Streichn, in Berlina Dialekt übasetzt.)

Manfred Görlach (Hrsg.): Hans Huckebein in 65 deutschen Dialekten.
– Universitätsverlag C. Winter, Heidelberg 1997, S. 86 ff.

Plisch und Plum in 40 deutschen Mundarten. – Universitätsverlag C. Winter, Heidelberg 1999.

Max un Moritz

Ne Rebaukenjeschichte in siem Streichn

Der Anfang vont Lied

Nee, von die Berlina Jörn
jibdit ümma wat ze hörn!
Von so zwee is hier de Rede,

Max un Moritz hießn beede.
Statt uff klure Wörta hörn,
det se ooch so jeistvoll wern,
ham se Faxn bloß jemacht
un sich noch halbdot jelacht.
Hockten jerne inne Eckn,
Dußlichkeitn auszeheckn.
Äppel, Kürschn, Flaumn klaun,
Tiere queln, kleen Justav haun,
dit is dufte un mehr Lem,
wie de Beene platt sich stehn,
inne Kürche oda Schule,
fromm ze dun mit Pasdas Jule.
Lern'n ooch noch? Meene Jüte,
kommt ja janisch inne Tüte!
Aba ach! Et kommt ne Wende –
un ick ahn dit schlimme Ende!
Darum habick's euch jeschildat
un for Steppkens ooch bebildat!

Ersta Streich

Wenn sich eena Tach un Nacht
mit de Hühna Arbeet macht,
isset erstns wejn de Eia –
mussa morjens nich zu Meya.
Zweetns schmeckt ja ooch 'n Bratn,
wenna knusprich braun jeratn.
Un ick wette jern meen Kopp:
Ooch de Kissn sind tipptopp;
Denn de Fedan vonne Henn'
lassn een jemütlich penn'!

Kiek, hier siehste Witwe Bolte,
die dit allet ooch so wollte.

Drum hat Boltn ooch drei Henn'
un een Hahn im Hof ze renn'.
Die zwee Raudis hemisch lachn,
wolln de Boltn fuchtisch machn,
pesn los un holn vier Köda –
wart's mal ab, du Hahn, du blöda!
Knötan anne lange Strippe
kleene Stücke vonne Schrippe:
An vier Feden ausjelotet,
liecht's nu kreuz un quer vaknotet

uffn Hofe vonne Boltn,
wat de Viecha fressn solltn.

Wie der Hahn dit hat jesehn,
reißtan Schnabel uff zum Krehn,
ruft sein Harem aus de Eckn,
die sich schon de Schnäbel leckn.

Gackan fröhlich, Kopp jeduckt:
Jierich wird dit Brot vaschluckt.

Weit de Schnäbel uffjerissn,
würgn se kramfhaft anne Bissn.

Wie im Walza jeht's nu rund,
feste sitzt de Schnur im Schlund.

Tanzn uffwärts, seitwärts, nieda,
Jott, ach Jott! un imma wieda.

Mensch, dit is ja nich ze gloom –
alle viere hängn am Boom.
Außen Hals der arm'n Seeln
dringt 'n schrecklichet Krakehln.

Halb im Dode, eens-fix-drei,
legn se Boltn noch 'n Ei!

Un die hört dit Wehjeschrei –
sins de Hühna? dit wär neu!

Außen Bette un vort Haus …
Schreck, laß nach! Oh, wat forn Jraus!

»Looft, ihr Trän'n, außn Oogn!
Bin vor Jram janz krumm jebogn!
Jott, ach Jott, so hoch da droom
hängt meen Glück am Appelboom!«

Janz bedrippt von dit Malöhr
langt se sich dit Messa her,
schneid de Hühna, halb im Taumeln,
det se da nich länga baumeln.

Leise weenend, stumpf der Blick,
schlurft se in ihr Haus zerück

Dit war nu der erste Streich –
klar, der zweete folcht ooch jleich.

Zweeta Streich

Langsam nur vajeht der Schmerz,
der so uffjewühlt ihr Herz.
Denn ihr janza Lebenssinn
warn de Hühna – die sin hin!
Inne Brust is noch 'n Ziehn –
war se imma jut zu ihn'?!
Dabei denkt se an ihrn Jartn,
wo se mank det Jriene scharrten.
Übergroß is ihre Traua –
ja, se is so richtich saua.
Uffn Herde liegn de Dotn,
schon jeruppt bis anne Fotn.

Un se denkt: Ick werd se essn
un dit Unjlück schnell vajessn.
Wieda muß de Boltn ween,
un der Spitz steht doof daneem.

Max un Moritz ham's jerochn
un sin keß uffs Dach jekrochn,
kiekn durchn Schornstein runta –
Mensch, da wern se beede munta:

Hühnaleichn ohne Kopp
schmurjeln dufte schon im Topp.

Stillvajnücht un mitn Tella
laatscht de Boltn in ihrn Kella,
holt sich außen Faß von Holz
Sauerkohl, ihr janza Stolz.
Kohl! Wie da ihr Herze lacht,
wenna wieda warmjemacht!

Uffn Dach die zwee Halunkn
ziehn de Viecha durch de Funkn.
Maxe hat jut nachjedacht
un ne Angel mitjebracht.

Schwupp! Dit erste muß dran gloom,
schwebt wie'n Engelchn nach oom.
Schon fliecht 's zweete durch de Luft,
denn dit dritte – wat forn Duft!
Hahnemann noch hintaher –
Mann, jetz is de Fanne leer!
Spitz bellt laut, er er hats jesehn,
ihm bleibt nich det kleenste Been!

Fix vaduftn die Chaotn,
mit de Hühna inne Foten.

Ach, dit Drama nimmt keen Ende,
allet fliecht aus Boltens Hände,
wie se kiekt zur Fanne hin:
Wat? Da is keen Huhn mehr drin?!

»Spitz!« schreit laut se volla Wut.
Ach, den jeht dit janich jut.
Denn schon grabscht se nach ne Kelle,
zu vadreschen seine Pelle.

»Warte, Spitz, du blöda Köta,
aus dir mach ick Hackepeta!«
Un denn drischt se ooch wie dumm
uff die kleene Töle rum.

Mank de Heckn die zwee Fratzn
seelnruhich sich eens ratzn.
Aus de Mäula – kannste sehn –
kiekt 'n letztet Hühnabeen.

So, dit war der zweete Streich –
klar, der dritte folcht ooch gleich.

Dritta Streich

Uffn Kiez, dicht anne Spree,
steht von Böck dit Ateljee.

Alltachsplunda, Sonntachsstaat –
allet machta ackurat.
Ob ne Weste oda Hose,
ma uff Tallje, ma janz lose,
Mäntel, Fräcke, eng un weit –
Meesta Böck jeht mit de Zeit.
Is der Stoff am Hintan dünn,
setzda prompt 'n Flickn rin.
Knalln de Knöppe vonne Hose,
wird ze eng de janze Schose,
nimmste Jacke, Bluse, Kleid,
jehst zu Böck, der weeß Bescheid.
Schneida Böck mit jutn Sinn,
schneid wat ab – un neht wat rin!
Also hat man nah un fern
den olln Böck so richtich jern.
Doch de Lümmels hörste lachen:
»He, den wern wa Beene machen!«

Denn, da wo der Meesta hauste,
ooch 'n Bach vorübabrauste,
un da jibt's keen andan Weech –
imma mußte üban Steech.

Mit de Seje inne Hand
komm de Schurkn anjerannt.
Lange wird da nich jefackelt:
rinjesecht, bis allet wackelt.

Un schon hört man aus de Hecke,
wo se hockn im Vastecke:
»Olla dürra Ziejenböck,
komm doch raus, mach meck, meck, meck!«

Mensch, wat mußta schon so hörn!
Wenich tat 'n so wat störn.
Doch jetzt rast sein dünnet Blut,
bis int Been rutscht ihn de Wut!
Her de Elle, her de Schere –
ick muß retten meene Ehre!
Denn schon wieda hörtat keck:
»Doova Schneida, meck, meck, meck!«

Mann, da springta uff de Brücke!
Knacks! Die teilt sich in zwee Stücke!

Plitsch un plumps, der Böck is weg –
Max un Moritz schert's 'n Dreck.

Während er noch janz benomm,
komm zwee Jänse anjeschwomm,
die der Böck in Not un Hast
angstvoll bei de Beene fast.

Kurz bevora abjedriftet,
hamsin noch uffs Land jeliftet.

Heimwärts kriechta. – Man muß saren:
Dit schluch mächtich uff sein Maren!

Allet schmerzt – er kann kaum loofn,
springt vom Stuhl gleich uffn Ofn.

Seine Olle weeß hier Rat
un mit heißa Plätte naht;
üban Bauch, ma längs, ma rund,
plättet se ihn fix jesund.

Un im Dorf jeht's ruff un runta:
»Böckn neht – er is schon munta!«

Dit war erst der dritte Streich –
klar, der vierte folcht ooch jleich.

Vierta Streich

Schule is nich wat zu lachn,
denn se soll jebüldet machen.
Will der Mensch nich dußlich bleim,
mussa lesin, rechn, schreim.
Aba nich nur dit alleene
bringt den Jeist dir uff de Beene.
Nee, man muß nach Höhret strebm,
dit is wichtich for dit Lebm.
Hörste Weisheit mit Vagniejen,
dring's in Kopp – un bleibt ooch liejen.

Lehra Lämpel, janz besessn,
hat de Weisheit wohl jefressn.
Max un Moritz, diese Lümmel,
zeichtn Lämpel oft 'n Fimmel.
Lämpel liebn? Die zwee Schufte
fandn Lehras janich dufte! –
Pauka Lämpels schönsdit Lasta
war de Feife un der Knasta.
Jieprich nachn Schaukelstuhle,
kama mittachs vonne Schule,
steckt de Meerschaumpiepe an,
wat man ihm ooch jönn'n kann.
Die zwee Bälja ohne Ruh
übalejen immazu,
wo der Pauka is zu jreifen.
Beede jrinsen: »Mensch, de Feifn!«

Sonntags is det Lämpels Ziel
Kürche un dit Orjelspiel.

Janz entrückt, vazückt un bieda
spielta seine frommstn Lieda.
Mensch, dit war wat for de Jörn –
keena wird im Haus se störn.
Maxe jreift ooch gleich zur Wand,
hält de Piepe inne Hand.

Un der Moritz – meene Jüte! –
holt det Pulva aus de Tüte,
drückt un stoppt, un – eens-zwee-drei –
sitzt dit fest im Piepenei!
Jetzt bloß nich so lang jefackelt:
Lämpel kommt schon anjewackelt,

schließt de Düre, is schon spet;
Dotenstille, alßa jeht.

Mitn janzn Kirchnkrempel
latscht nach Haus der olle Lämpel,

um in seine Bude drin
zu bekiekn sich von inn!
Un dit Allaschönste dann,
wenna steckt de Piepe an.

Ach, so denkta, nach Malooche
sitzick stille hier un rooche!

Peng! De Piepe explodiert!
Schreck, laß nach – wat is passiert?
Ofen, Tasse, Kaffeepott,
Tüsch un Stuhl – Ojottojott!
Allet fliecht ihm ums Jesichte!
Noch n Knall – aus is dit Lichte.

Als der Dunst zieht aus de Kamma,
sieht ma Lämpeln – wat 'n Jamma –
anjekokelt, doch am Leem,
und 's Jerümpel liecht daneem.

Hand, Jesichte, Neese, Ohr
beihnah schwärza als 'n Mohr,
uffn Deez der Locknkranz
is vakohlt beim Feuatanz.
Pauka Lämpel macht sich Sorjen:
Wer jeht inne Schule morjen?
Wer soll lehren nu de Jugend
vonne Wissnschaft un Tugend?
Allet kanna ja bejreifn,
doch: Wie roochn – ohne Feifn?!

Trübsal blasn hat keen Sinn –
bloß de Feife, die is hin!

Dit war nu der Vierte Streich –
klar, der fünfte folcht ooch jleich

Fünfta Streich

Hast 'n Onkel anne Panke,
Havel oda Krumme Lanke,
biste stille, hälst de Klappe –
Onkels sind oft nich von Pappe.
Issa morjens uffjewacht,
frachste gleich: »Wie war de Nacht?«
Ooch oba wat brauchn kann;
mit de Zeitung fängste an.
Oda hatat mitn Rückn,
tut dit Rheuma wieda zwickn,
kramste schnell de Salbe vor,
schmierst un salbstn bis ant Ohr.
Oda schniefta seine Prisn,
krichta sich nich ein vont Niesn,
ruft man: »Onkelchin, zum Wohle«,
detta sich keen Schnuppn hole.
Tappta heimwärts ma, der Olle,
nach de zehnte, zwölfte Molle,
hilfstn aus de Jacke raus,
ziehst ihn ooch de Stiebeln aus.
Kurz un jut, man tut un macht,
imma uff sein Wohl bedacht. –
Max un Moritz war dit schnuppe.
Onkel helfn? Denkste, Puppe!
Wo se jrad for Onkel Fritze
Ausjedacht sich jute Witze!

Wenn im Mai de Kefas krabbeln,
inne Bäume fliejen, zappeln,
weeß im Dorf ja jedet Kind,
det dit bloß de Kefa sind.

Max un Moritz jehn un rütteln,
um se sich vom Boom ze schütteln.

Rin damit in ihre Tüte!
Hundat Krablas – meene Jüte!

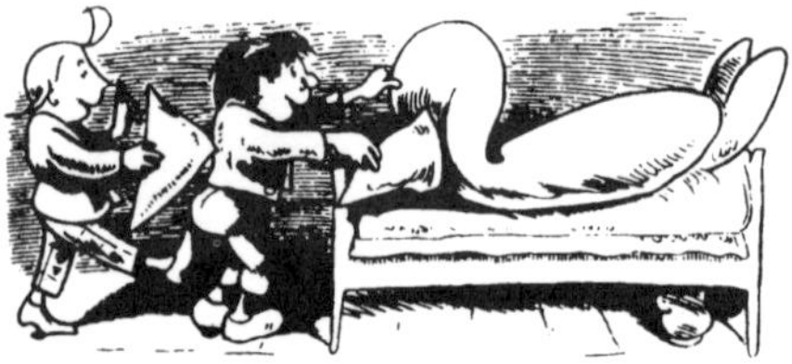

Nu jeflitzt zu Onkel Fritze,
rin int Bette, inne Ritze.

Untan Bett sein Pinkeltopp,
Zippelmütze uffn Kopp,

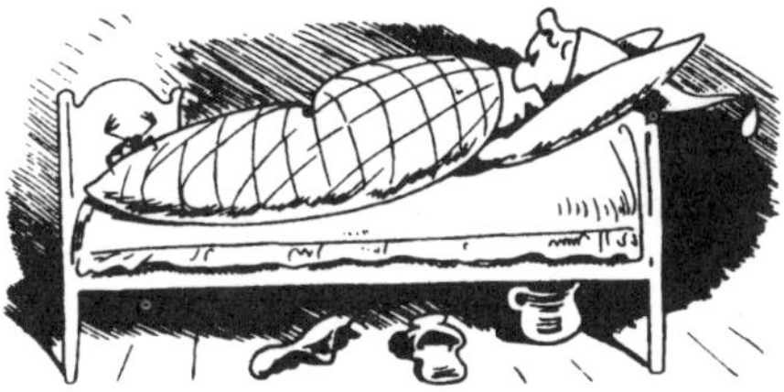

streckt sich Onkel hin zur Ruh,
schnarcht sich eens, de Oogen zu.

Doch im Bette – wat 'n Jraus –
krabbels aus de Ritzn raus!

Un schon piekt der erste Kefa,
inne Neese von den Schlefa.

»He!« brüllt Onkel Fritz vaschreckt,
»Wer hat mir jetz uffjeweckt?«

Türmen mussa außen Bette,
deta sich vort Unheil rette.

»Au!« Da sticht ihn wat in Hintan.
Jott! Wat mussa nachts sich schindan!

Durch de Bude summ's un krabbel's.
Onkel Fritze stöhnt un zappelt.

Mitn Latschen un een Been
hauta allet kurz un kleen.

Wa? Da kiekste! Eens un zwee,
sind de Kefa Frikassee.

Weita schnarchta unvadrossn,
beede Oogen fest vaschlossn.

Dit war erst der fünfte Streich –
klar, der sechste folcht ooch jleich.

Sechsta Streich

Wenn dit Ostafeste naht,
sind de Bäckasleut uff Draht,
backn Liebesknochn, Schneckn,
Nonnefötzchn, Mandeleckn.
Nach wat Leckret in ihrn Bauch
jiepan Max un Moritz auch.

Doch der Bäcka is nich doof,
schließt de Bude, latscht von Hof.

Willste klaun, wat Süßet lutschn,
mußte durchn Schornstein rutschn.

Hei! Da kommse ja schon runta,
schwarz wie Rabn, doch janz munta..

Eh se sich nu recht besinn',
fliegn se inne Kiste rin.

Kiek! Nu sin de beedn Ludas
rundherum mit Mehl jepudat.

Uffn Brett de Prezeln liejen.
Maxe grabscht – er will se kriejen.

Doch der morsche Stuhl macht knacks!

Erst fliecht Moritz, denn der Max.

Aus de Pampe uffjetaucht,
stehn se beede schlimm jeschlaucht.

Un de süßn Jammalappm
wird der Meesta sich gleich schnappm.

Janüscht hilft da inne Not;
wern jerollt zu Kuchnbrot.

Ha! Im Ofen is noch Feua!
Rin mit euch, ihr Unjeheua!

Hei! Wie hüpft der Meesta lustich:
Beede sind se braun un knusprich.

Sind se dot nu, futsch un nieda?
Denkste, Puppe – die komm wieda!

Denn de Mäusezehne nagn
sich hindurch bis annen Kragn.

Un der Bäcka, blaß vor Schreck,
schreit: »Vaflixt, die loofen wek!«

So, dit war der sechste Streich –
klar, der letzte folcht ooch jleich.

Letzta Streich

Max un Moritz, laßt's euch saren:
Diesma jeht's euch annen Kraren!
Müssn die schon wieda flietzn,
Löscha inne Säcke ritzn?

Astend schleppt der Baua Mecke
seinen Sack hier um de Ecke.

Wiea kiekt, jebückt nach vorn,
riesel's schon, dit jute Korn,

hintn außen Sacke nieda.
Mecke flucht: »Wat is dit wieda?!«

Mann, da siehta beede sitzn,
die vor Angst schon schloddan, schwitzn;

un er stoppt se mit Jenuß
rin in Sack – denn jetzt is Schluß!

Eilich hasteta zur Mühle.
Jott, wie wird's den beedn schwüle!

»Vorwärts, Mülla, jreif den Sack,
mahle er dit Lumpenpack!«

Hopp! Un rin jeht's innen Trichta.
Selbstjustiz – da hilft keen Richta.

Rickeracke, rackericke,
hörste knackn ihr Jenicke!

Noch ze sehn – doch bald vajessn,

wenn se beede uffjefressn.

Doch de Entn, fett un heita,

lebn bis zum Kochtopp weita.

Dit Ende vont Lied

Als man hört, die zwee sind wek,
weent keen Aas an diesn Fleck.
Witwe Bolte sprach jewichtich:
»Dut ma leid … un freut ma düchtich!« –
»Ja«, schrie Böck, »so isset recht!
Die warn echt von innen schlecht!« –
Lehra Lämpel ringt de Hände:
»Wat forn Ende! Wat forn Ende!« –
»Klar«, brummt da der Zuckabäcka,
»uffjebackn wern se lecka!« –
Onkel Fritze meente: »Icke
hatte längst de Faxen dicke!« –
Mecke will bloß seine Ruh:
»Ick sach janüscht mehr dazu!«

Jubel, Trubel, Ringelpietz –
Freude überall im Kiez;
Mensch, wat war der Ärja jroß –
die Rabauken sind wa los!

Die Jeschichte von Hans Huckebeen, den Unjlücksrabn

Hier lauat Fritze untan Boom,
der Huckebeen glotzt keß von obn.

Un Fritze denkt wie alle Jörn:
Soon Rabe sollte mir jehörn.

Un als der Rabe kiekt vadutzt,
den Orenblick der Fritze nutzt.

Janz flink er nach de Mütze faßt:
Dit wär een dufta Vorelknast.

Ach nee, er hat'n nich erwischt,
der spacke Ast macht knack! un bricht.

Fritz mit 'n Hintan inne Beern,
der Rabe kann nüscht sehn, nüscht hörn.

Da steht der Fritze schwarz bekleckat,
der Rabe hopst voll Angst un meckat.

Der schwarze Deibel is jefangn,
er hat int Futta sich vahangn.

»Na, hab ick dir, Hans Huckebeen,
die Tante wird dir freudisch nehm!«

Die steht ooch grade vor de Dür
un ruft erfreut: »Is der for mir?«

Doch ihre Freude is schon hin,
er beißt ihr frech in Finga rin.

»Au!« schreit se laut, »du doowet Vieh,
Mensch, dit vajesse ick dir nie!«

Hier steckt in'n Topp, wie inne Höhle,
der Huckebeen, die schwarze Seele.

Den Knochn hat der Spitz jeklaut,
un der nu feste zwischenhaut.

Da ziehn se beede kreuz un quer –
der eene hin, der andre her.

Und eh de Töle sich besinnt,
da kneift dit Luda ihn von hint.

Na, haste Töne? – Wat'n Jraus!
Nu reißta ihm ooch Haare aus.

Doch kiek! Der Spitz hüpft wie ne Feda
un will den Rabn nu ant Leda.

Der Kata macht sich da keen Kopp,
schnappt sich den Knochn – rin in Topp.

Nu kiekn sich die dreie an,
denn keena keen janz traun kann.

Schon hackt der Kata nach de Töle,
von Rabn hörst ’n froh Jegröhle.

Der schnappt sich, weil der Topp nich janz,
mit schlaua List den Kataschwanz.

Der Topp, der rollt, der Unhold steht,
der Schwanz sich wie in Schraubstock dreht.

Schnell loofn Hund un Kata wek,
den Schurkn scherts ’n nassen Dreck.

Nüscht Schönret jbt's für Tante Lotte
als schwarzet Heidelbeerkompotte.

Doch Huckebeen, der saut wie dumm
hier mit die Jottesjabe rum.

Die Tante sieht's, im Bauch ne Wut;
der Unhold weeß: Dit jeht nich jut.

Springt uff de Wäsche, weiß un reene,
mit seine Marmeladnbeene.

Oh Jott! Jetzt krauchta mang 's Jeschirr,
de Tella fliejen abwärts – klirr!

Wat sachste nu – da rolln de Eia,
die doch so frisch warn un so deua!

Oh Schreck, laß nach – dit Bier is hin,
looft fröhlich inne Stiebel rin.

Un wie nu hier dit Luda lacht,
als Tantns Been ne Kneippkur macht.

Un mit de Jabel stürzt se sich
hier uff den schwarzn Wüterich.

Doch Fritz, der Knallkopp, springt davor
un kricht de Jabel prompt int Ohr.

Is dit vom Rabn nu dit Ende?
Nee, nee, noch seh ick keene Wende.

Oh Schreck! Nach Tantns Neese faßta,
un eenmal noch siecht hier dit Lasta!

Ach Mensch, nu ahn ick dit Malör,
denn inne Pulle is Likör.

Hmm, riecht dit süß, er is janz hin
un steckt ooch gleich sein Schnabel rin.

Un alssit looft durch seine Kehle,
wird heita seine schwarze Seele.

Un darum steckta mit Jenuß
janz rin den Kopp – noch is nich Schluß.

»Een dreifach Hoch«, kreht Huckebeen,
»juchhei, wie is dit Leben scheen!«

Uff eenmal weeßa nich mehr weita,
ihm wird so doof un doch so heita.

Er lallt vagnücht, hebt noch een Been,
doch langsam kanna nich mehr stehn.

Da kriechta rum, schon janz besoffn,
nu hat's den Fatzke echt jetroffn.

Dit hat sein Übamut jeschafft,
er torkelt traurich, ohne Kraft

un zerrt voll roha Lust un Tücke,
hier noch an Tantns Kunstjestricke.

Doch kiek, dit Jarn wird ihm zur Falle –
er rutscht – un bammelt – futsch und alle!

Die Tante sacht: »Dit is doch klar,
da hängta, weil't 'n Luda war!«

Plisch un Plum

Erstet Kapitel

Kaspar Schlich looft unjehemmt,
Kötas untan Arm jeklemmt,
kiekt nach rechts nich un nich links,
aus de Piepe qualm's un stink's.
Wata vorhat, gloobste nich:
»Mensch«, so seufzta tief bei sich:
»Bring' die Kleffa mir 'nen Nutzn?
Bessa wär't, se wechzeputzn!
Weil se für mir bloß Vadruß,
mach ick mits Jesockse Schluß!«

Steht am Wassa, kalt sein Sinn:
»Ja, hier schmeiß ick beede rin.«
Die ham schon wat im Urin;
könnt ma hier noch Leine ziehn!
Strampeln schwach noch mit de Beene –
keena hilft, se sin alleene.

Schreck, laß nach – da saust schon eena,

plitschplatsch rin; schon wirda kleena.

Gleich der zweete hintaher –

kurzet Jauln, denn janüscht mehr.

»Ha! Dit habick jut jemacht«,
lobt sich Schlich un qualmt un lacht.
Doch eens hata nich bedacht:
deta viel ze früh jelacht.
Paul un Peta wolltn jrade
sich vagnüjen bei em Bade.

Als se triefend stehn an Land,
machn sich die vier bekannt.
»Plisch«, rief Paule, »nenn ick mein'.«
Plum – so taufte Peta sein'.

Wat se sehn, dit is keen Spaß.
Mensch, wat is der Schlich fürn Aas!
Ach, da wird ihr Herze weich;
beede hüpfen rin in' Teich,

packn, eh se janz valorn,
beede Hundchn anne Ohrn.

Beede Möpsken fest im Arm,
rennen sich die viere warm.
Mama, die wird Oogn machn,
Papa wird sich dußlich lachn!

Zweetet Kapitel

Mutta Fittich is 'n Schätzchn,
liebt ihrn Mann, det Ruheplätzchn;
Vata Fittich hält ihrn Arm –
ja, se sitzn jut un warm.
Beede lassn sich nich störn,
wartn friedlich uff de Jörn.
Daß der Tach so lau un schön,
kannste noch am Himmel sehn.

Ei, da kommse vonne Wiese,
Fittich kiekt – un kricht ne Krise:

Un da drinne in ihr Haus,
wartet schon der Abendschmaus.
»O vadammt, dit fehlt mir noch!« –
Mama säuselt: »Laß se doch!«

Inne Küche is jedeckt:
Wurscht, Salat un wat so schmeckt.
Freudich jehn se alle rin,
Plisch un Plum sind längst schon drin.

Klar warn die zwee beede schnella,
schlabban allet vonne Tella.
Nu de Schnauze noch jeleckt –
jeda hört's: Den' hat's jeschmeckt!

Schlich, der jrad int Fensta kiekt,
ruft astaunt: »Ick werd varickt!
Nüscht als Ärja ham die nu,
ick lach mir 'n Ast dazu!«

Drittet Kapitel

Paul un Peta ohne Sorjen,
wolln nu penn'n bis zum Morjen.
Un als wäre nüscht jewesn,
blasen se durch ihre Neesn
rin de Luft un wieda raus –
alle blasn so im Haus.

Plisch un Plum in ihren Frust,
ham erst ma zu janüscht Lust.
Außerdem, wo solln se hin?
Hopp, zu Paul un Peta rin!
Plisch, in altjewohnta Weise,
dreht uff Petan erst drei Kreise.

Plum hat ooch so seine Triebe,
bettelt um 'n bißken Liebe.

Paul un Peta, beede fühln,
det hier noch zwee andre wühln.

Eh nu beede Möpse liejen,
lern se wieda mal dit Fliejen.
Wenn die Kälte packt den Leib,
braucht man schnell 'n Zeitvatreib.

Darum jeht's gleich zu 'nem flottn
Schredderspaß mit de Klamottn.
Bei soon Spiel is keena prüde;
bald schon sind se warm un müde.

Da kommt Fittich in dit Stübchn,
weckn willa seine Bübchn.
Kiekn seine Oogn recht?
Er wird blaß, denn wird's ihm schlecht.

Beede machn sich nüscht draus,
bring ne neue Mode raus:
Fransenhosn, Schlabbalatschn –
Nachbarn ham nu wat ze tratschn.

Fittich weeß: Hier hilft nur Strenge.
So, ihr Bengels, jetzt jibt's Senge.
Paul un Peta, einjemummelt,
hörn erschreckt, wie Vata brummelt.
Doch die Mutta lieblich spricht:
»Fittich, klopp die Kinda nich!«

Da die Tölen ohne Sitte,
komm se inne Hundehütte.

Schlich reibt schadenfroh die Hände:
»Schad' die janüscht, sone Wende!«

Viertet Kapitel

Endlich inne Mausefalle
hockt die Maus, die freche, dralle,
die schon lange Tach un Nacht
Mutta Fittich fuchtich macht;
ob in Küche, Kamma, Kella,
fangen jing nich – die war schnella.

Plisch un Plum, die denkn sich:
So een Jaudi jab's noch nich.
Doch die Maus hat längst afaßt:
Sie muß außen Mauseknast!

Springt un scheest, so winzich kleen,
hopp! in Petas Hosenbeen.

»Ach, wie jut jeht's mir hier drin!« –
Da kommt Plisch, will ooch mit rin.

Plum kiekt doof, die Maus piept böse,
zack! schon hat se'n bei de Neese.

Plisch will ihren Schwanz nu packn,
stachlich steht sein Fell im Nackn.

Doch die Maus kommt ihm zuvor,
beißt'n listich keck int Ohr.

Junge, wie sich Plisch noch dreht,
saust se fix int Blumenbeet.

Beede stelln de Ohren uff
un spring' kläffend uff se druff.

Jrete Kümmel wollte ebn
Öl uff ihre Funzel jebn.
»Donnawette«, heult die Jrete,
»wer wühlt da in meene Beete?«

Dit Petroljum inne Hand,
kommt se fuchtich anjerannt.

Kippt dit Öl uff Plum un Plisch,
un die jauln janz fürchterlich.

Mensch, dit hätt se nich jedacht,
wat dit Zeuch für Würkung macht.
Allet is ihr rujeniat.
Jott, wie isset bloß passiert!

Oma Kümmel kiekt umher,
plötzlich wird's ihr doof un schwer,
fühlt in sich ne große Ruh
un macht still de Oogn zu.

Noch 'n »Oh!« von unsre Jrete –
platsch! da liecht se mang de Beete

Kümmat's die? Nee, denkste, Puppe!
Fremda Schmerz, der is die schnuppe.

»Mensch, au Backe!« feixt der Schlich,
»doch, zum Glück, mir störtet nich!«

Fümftet Kapitel

Kurz de Hosn, lang der Rock,
krumm de Neese, Beene, Stock,
Oogn schwarz, de Seele grau,
kiekn tuta listich schlau.
Hut nach hintn, ohne Jürtel –
Schmulchen aussem Scheunenvürtel.

Haste den eenmal jesehn,
findste glatt den Nante schön
Macht vor Fittichs Tür ne Pause;
beede sind ooch grad ze Hause.

Wütend jeem die Kleffas Laut –

wat sich da zesammenbraut?

Eh der Schmul dit Weite sucht
un dit Pack dabei vaflucht,

ham se'n anne Hammelbeene;
anne Hose spürta Zehne.

Schmulchen würdet blümmerant –
hier hülft Jrips nur un Vastand!
Zack! hata sein Hut im Munde –
he, wat glotzn da die Hunde!

Rückwärts schleichta anne Türe
janz jewieft uff alle viere.
Mama Fittich wollte sehn,
wat da draußen is jeschehn,

macht die Tür uff: »Wat is los?« –
da sinkt Schmulchen ihr in' Schoß.
Fittich fühlt sich ooch jestört –
peinlich, wata sieht un hört.

Un der Schmulchen schreit vabissen:
»Ick bin untenrum zarissen!

Fittich, dit bezahln Se mir,
un so lange sitz ick hier.
Wenn Se meen', Se brauchn's nich,
seh ick Ihnen beis Jericht!«

Streng kiekt Vata uff de Jörn,
die nüscht sehn wolln un nüscht hörn.

»Mann, au Backe!« feixt der Schlich,
»doch, zum Glück, mir störtet nich!«

Sechstet Kapitel

Eens is klar: Der Paul un Peta
ham zwee niedaträchtje Köta.
Mann, dit wär ja noch vazeihlich,
denn die Kötas sind sich einich.
Un man weeß seit langa Zeit:
Stark macht soone Einichkeit.
Leida mußte hier vamutn:
einich, ja – doch nich im Jutn.

Eenes Tags im Sonnenschein
kiekt 'n Hündchn, keß un fein,
zärtlich uff die Kleffas runta,
die wern zappelich un munta.

Beede vor dit Fensta stehn
un valiebt die Oog' vadrehn.

Jeda von die beede Lümmeln
will nach vorn, ihr anzuhümmeln.

Plisch un Plum packt heftja Zorn.
Wer jrad hintn, will nach vorn,

Kiek! Se schubsn sich zur Seit –
aus is mit de Einichkeit.

Langsam wird det nu ze bunt,
darum jeht's jetz richtich rund.
Schwänzchen wackeln, Oogn blitzn,
nich lang fackeln, beede schwitzn.
Ma alleene, ma umschlungen,
komm se beede anjesprungen,

wo Frau Fittich macht jerade,
fürn Salat de Marinade.

Ooch der Fannekuchenteig
stand schon uffn Tisch bereit.

Paul kommt rin, jibt Plum 'n Tritt.
Klar, nu mischt ooch Peta mit:

»Bisde doof?« un zieht dem Flez
wütend eene üban Dez.

»Wat«, blökt Paul, »haust du meen' Köta?
Aus dir mach ick Hackepeta!«

Janz mit Pampe zujekleistat,
sin de Bengels hell bejeistat.

Kurz, det siehste ohne Brille:
det Miljöh vom ollen Zille.

Da kommt Fittich – et wird Zeit –,
hält den Knüppel schon bereit. –
»Liebsta«, ruft se, »laß die beedn!
Komm, wir wolln erst drüba redn!«

Dabei dreht se sich zu schnelle.
Fittich is mit Stock zur Stelle.
Ach! Ooch Mamas schnieke Haube
fällt nu Fittichs Wut zum Raube.

»Menschenskind«, lacht da der Schlich,
»die zwee Fittichs zankn sich!«

Schadenfreude is jemein,
mancha is da nich sehr fein.
Schwapp! nu hat der Schlich ne Mütze –
diesma is ihm nich nach Witze.

»Mensch, au Backe!« stöhnt der Schlich,
»jetz für mich ooch ärjerlich!«

Siemtet Kapitel

Ach, da hockn Plisch un Plum
traurich in ihrn Kefich rum.
Um ihrn Hals zwee kurze Kettn;
keena kommt, um se ze rettn.

Ooch den Fittich jeht's nich jut:
»Bosheit«, sachta, »is keen Mut.
Tugend muß man erst erlern'.
Dafür mußte dir erwärm!«

Darum sitzn beede Knaben,
um sich sittlich zu erlaben,
vor Majista Böckelmann,
un der fängt zu säuseln an:
»So, ihr Bengels, freut mir sehr.
Kiekt nu fröhlich zu mir her.
Nur wer froh de Weisheit übt,
kricht 'n dankbaret Jemüt.
Laßt uns rechnen, lesen, schreibm
un ooch andre Kunst betreibm,
denn man kann durch kluget Tön',
sich dit Leben noch vaschön'.
Zweetens muß ick euch noch saren:
Wichtich is ooch dit Betraren.
Quatscht man höflich inne Runde,
is man promt in alla Munde.
Klar, dit braucht 'n bißken Zeit –
seid ihr beede nu bereit?
Ick hab allet euch vakleckat,
und nu wird nich mehr jemeckat.
Steht jetzt uff un kiekt mir an
un sacht: ›Ja, Herr Böckelmann!‹«

Paul un Peta heimlich lachn:
»Will der mit uns Faxn machn?
So schnell kriechta uns nich rum!«
Darum bleim se erst ma stumm.
Un wat macht der Böckelmann?
Fängt nochma von vorne an,

un er schreit: »Dit reicht mir jetzt!
Langsam wird mir nämlich schlecht.
Wenn ihr gloobt, mir zu vakohln,
muß ick euch den Aasch vasohln!
Euch zwee beede uffzeweichn,
werd mit Senge ick erreichn!«

Un schon ziehta außn Kleide
wie en Ritta aus de Scheide
seinen Stock so hart un dünn –
Jott, jetz würd's für beede schlümm!
Un er packt die zwee, die frechn,
um se mächtich ze vadreschn.

Bissa denkt, nu hör ick uff,
kloppta feste uff se druff.
Un denn frachta janz bescheidn,
ob se dit wohl mögen leidn.
»Nee«, schrein beede laut im Chor,
»da bewahre Jott uns vor!«

Brav jehn beede Hand in Hand –
beinah hättstse nich erkannt.
Paul un Peta, keß un heita,
jeem gleich dit Jelernte weita.

Denn soon duftet Studium
is ooch wat für Plisch un Plum.
Lern se beede nich aus Liebe,
jibt et zwischendurch ma Hiebe.

Un im Kiez macht's bald die Runde,
wat für Künstla beede Hunde.
Ja, so isset uff de Welt:
Kunst bringt hin un wieda Jeld!

Et Ende vont Janze

Zujereist is nach Berlin
Mista Pief, der mitn Splin.
Leicht zu sehn: Der kennt de Welt,
treecht 'n Kieker un hat Jeld.
Un so bleibta öftas stehn –
ach, wat is de Havel schön!
Un er denkt: Ick könnt beim Jehn
ooch mal durch meen Kieka sehn.
Schön isset ooch andaswo,
un hier bin ick sowieso.

Stolpat, un schon fliechta hin –
schwuppdewupp – int Wassa rin.

Fittich, der jrad ranspaziert,
is janz baff un irretiert.
»Wo is denn der Kerl jebliebm?«
frachta seine Jörn, die Liebm.

Bleich wie eene Wassaleiche
stakst der Piefke aussen Teiche.

Ja, nu issa quatschennaß,
ohne Hut un ohne Glas. –
»Plisch un Plum, zack, zack, apport!«
hört man dit Komandowort.

Beede Kötas zeijen Mut,
apportieren Glas un Hut.
Mista Pief ruft: »Veriwell,
ßänk ju matsch, dit jing ja schnell!
Diese Dogs jefalln mir,
Wolln Se hundat Mak dafür?«
Fix ruft Vata Fittich: »Klar!
Dit is dufte, wundabar!«

Mann, wat is der Fittich froh!
So viel Jeld – nur eenfach so.
»Plisch un Plum, ihr zwee Halunkn,
manchmal hat et uns jestunkn.
Vor een Jahr kamt ihr int Haus,
nu is unsre Freundschaft aus.
Janz viel Kohle hat der Pief,
kooft euch Häm un Kornedbief!
Laßt euch noch die Pfoten jeem –
machtet jut, laßt euch mal sehn!«

Schlich vafolgte dit Jeschehn,
denkt: Na jut, is ja janz schön.
So viel Knete für die Töln!
Mensch, da kannsta dir beöln! –
Plötzlich, uff de jrüne Wiese,
fühlt der Schlich in sich ne Krise.
Wata hier mit anjesehn,
weckt sein' Neid – sein Herz bleibt stehn.

Bis sein Leben ausjehaucht,
hat sein Knösel noch jeraucht.
Wo er langsam untajeht,
noch 'n blauet Wölkchn steht.
Wata dachte, war oft kraus.
Macht nüscht – nu is allet

Die kluge Ratte

Dit war eenmal ne alte graue Ratte,
die een schön' Tachs 'n Faß jefun' hatte.

Janz uffjerecht kiekt se her und hin:
Vaflixt nochma, wat is da bloß drin?

He un hopp – schon sitzt se uff de Tonne,
schlabbat am Loch. Sirup – wat ne Wonne!

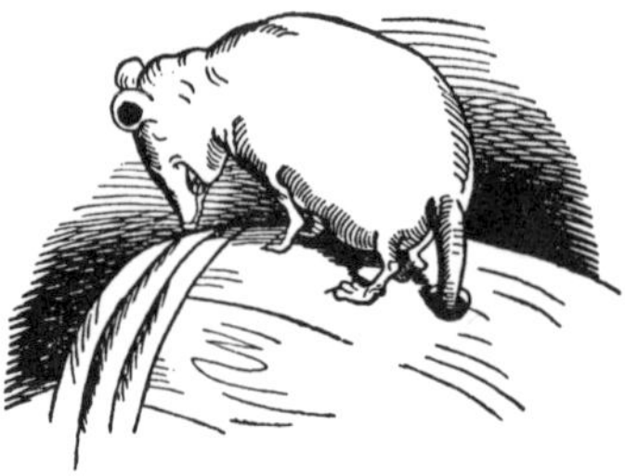

Ach Jott! Dit Spuntloch is ja viel zu kleen.
Macht nüscht, bloß mit'n Hintan halb mal drehn!

Läßt den Schwanz ab inne Sirupkamma –
is dit dufte, dit is der Hamma!

Zieht den süßen Schwanz sich selbst durchs Maul.
Ratten sind ja nich plemplem un nich faul.

Der Wurschtklaua

ıtisch keck anne Fleischamaua
·ht der Dieb Otto uff de Laua.

Un – hopp! – hinüba, wat vabotn,
grabschta ne Wurscht mit seene Fotn.

ı bloß hier wek un schnell zurück!
:r Köta sieht's, der Dieb – keen Glück.

Paul packt den Klaua anne Jacke
un knurrt erbost: »Hast wohl ne Macke!«

Schmeißt den Otto uff de Steene:
»Her die Wurscht, dit is jetzt meene!«

Un Paule, janz Zufriedenheit,
bringt seine Wurscht in Sicherheit.

Janz wütend setzt sich Otto uff:
Er hat jeklaut – Paul frißt se uff!

Mensch, da wirda so richtisch saua!
Er muß schleunichst üba de Maua.

»Abhaun willste?« knurrt bös der Paule,
Ottos Zippelmütz fest im Maule.

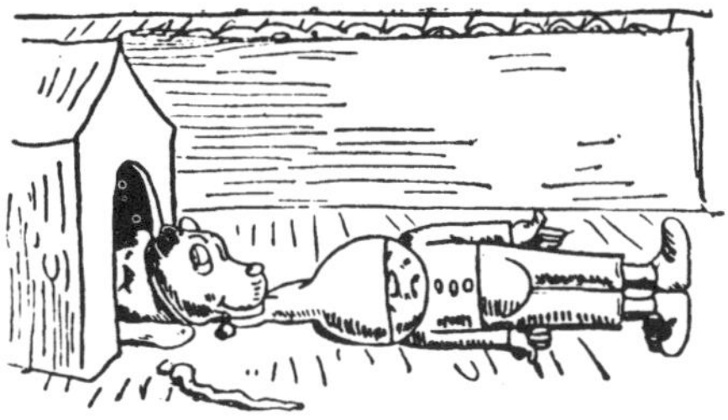

Kerzenjrade, von Paule bewacht,
liecht Otto – na denn: jute Nacht!

Paule döst, beede Oogn halb zu,
der Strolch is jefang; er hat jetzt Ruh.

Doch heimlich aus de Zippelmütze
rutscht der Jauna un macht ne Flitze.

Paule ziehtn wütend am Hintan:
Mensch, den lass ick hier übawintan!

Paule hockt warm in seine Hütte;
kalt looft's dem Otto ins Jenicke.

Bald stehta starr zu Eis erfrorn,
Eiszappn baumeln vonne Ohrn.

Der jute Nachbar kiekt un stutzt:
Ob hier 'n Oofn noch wat nutzt?

Nu schnell mit Otto rin int Haus!
Klirr, klirr, da rutscht der Jute aus.

Nu fecht der Nachbar mit Jenuß
den Otto raus – denn jetzt is Schluß!

Der zu uffmerksame Köta

Besoffn tappt Herr Petamann,
sein treua Hund looft ihm voran.

O Jott! Da rutscht Herr Petamann,
wofür der Hund ja janüscht kann.

Un wie der Hund so traurisch kiekt,
hat ihn een Wandasmann erblickt.

Der Wandasmann will ooch nach Haus
un denkt: Den hol ick erst mal raus.

Doch als er zieht an Petamann,
packt ihn der Hund von hintn an.

Da rennt der Bursche, wata kann –
im Dreck liescht schließlich Petamann.

Und als die Sonne uffjejan',
vakloppt den Hund Herr Petamann.

Moral:
Und wenn de nachts besoffn bist,
nich weeßt, wo dein Zehause is –
ick wünsch 'n Hund dir, der beweist,
det er ooch böse Herrchn beißt!

Zwee Entn un een Frosch

Zwee Entn, fesch, de Fedan schick,
wackeln zum See, vagnücht ihr Blick.

Rin int Wassa, Köppken runta,
Schwänzken wippn keß un munta.

Da steckt Frau Enterich im Schnabel
'n Wassafrosch, der janz passabel.

Se denkt: Den fress ick janz alleen.
Doch will Herr Entrich ooch een Been.

Dem Frosch wird's bang und imma bänga,
de Beene ziehn se'n lang und länga.

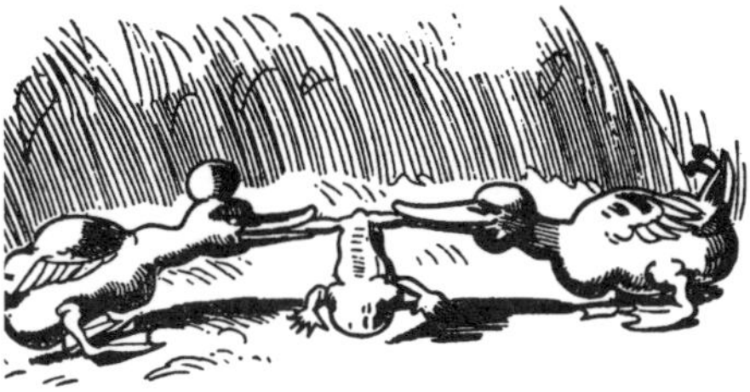

Die Entn zerren, drückn, beißn.
Der Frosch quakt grell zum Herzzerreißn.

Doch er kämpft und läßt nich locka,
springt und hüpft wie 'n kleena Rocka.

Weita jeht dit kreuz und rund.
Herr Entrich hat sein Weib am Schlund.

Wenn zweeje streitn, freut's den drittn –
der Frosch haut ab, ab durch de Mittn

Die beedn Entn schnattan wild,
Der Frosch hat Angst, det er jekillt.

Doch – eens-fix-drei – hüpft er durchs Rohr.
Dit kommt den Entn spanisch vor.

Se foljen mit Jeschnatta,
da issa längst durchs Jatta.

Der Kopp jeht durch bis ant Jenick,
der Hintan klemmt, weila ze dick.

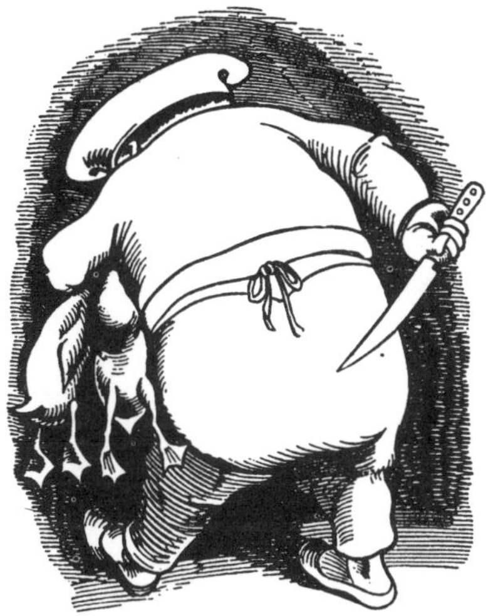

Nu wetzt der Koch sein Messerlein
und sticht se ab – dit mußte sein.

Der Frosch war een Tach krank jeschriebm,
jetz quakta froh mit seine Liebm.

Fleiß wird belohnt

Bartel hat ’n Bildungsfimmel,
doch sein Hund – ’n faula Lümmel.

»Mußt wat lern!« sachta strenge,
»Wat, du wilst nich? Denn jibt’s Senge!«

Da sitzt Nero stramm und stille,
denkt sich: Es gescheh dein Wille.

»Hut ab!« dröhnt Herr Bartel mächtisch.
Mensch, dit macht der Nero prächtisch.

Un weita jeht's mit Numma zwee:
»Hol mir den Stock da aussen See!«

»Jetz mach de Tür uff! Siehste woll?
Dit machste dufte, knorke, doll!«

»Oh!« stöhnt Nero, »ick fühl mir matt.
Ick hab de janzn Faxn satt!«

Doch draußen issa juta Dinge. –
Uff eenmal is um Hals ne Schlinge.

Herr Bartel kiekt, ruft streng: »Hut ab!«
Der Schinda jlotzt – dit hat jeklappt!

Er läßt vor Schreck de Schlinge los,
un Nero wetzt, dit is granjos.

Da hoppsta inne tiefe Fütze,
im Maule noch die olle Mütze.

Der Jauna fischt se wieda raus
un bringt se in sein' Knast nach Haus.

»Schnell ab mit dir in' Jittakastn,
da kannste janz jemütlich fastn!«

Doch als der Kerl sich hat entfernt,
fällt Nero ein, wata jelernt,

hebt den Riejel – eens-fix-dreie –,
durch de Mitte ab int Freie.

Und im Schlafrock und in Mauken,
Grinst Herr Bartel: »Fleißisch pauken!«

Der Schnulla

»Hier, nimm den Schnulla un sei still,
weil ick de Wäsche uffhäng will!«

Der Kleene nuckelt tiefbejlückt.
Zwee Köta komm' janz nah jerückt.

Noch kann Willi selisch sabban,
ooch ne Wespe will mal schlabban.

Doch zuerst an Willis Munde
klebt der eene vonne Hunde.

Dit is der Schnupp, der lutscht un schnappt
un haut mit Willis Trösta ab.

Da kommt janz stillvajnügt der Schlapp,
der leckt dit letzte Süße ab.

Der Kleene schreit un um sich haut,
sein janzet Jlück is ihm jeklaut.

Nu krabbelta un will sich drehn –
da siehta Omas Kanne stehn.

Ah, hier hoch, nich lang jefackelt –
Schreck, laß nach! Die Schose wackelt.

Vadammt nochmal, dit macht keen Spaß,
Meen Trösta wek – un icke naß!

Mit'n Nuckel um de Wette
wird de Wespe ooch zur Klette.

Wer den Schnulla kricht zu fassn,
läßt die andern zwee erblassn.

Nu ziehn se hin un weg un ran,
wat Süsset is da nich mehr dran.

Autsch! die Wespe hat jestochn,
Schnupp und Schnapp – schnell wekjekrochn!

Und de Wespe uffn Schnulla –
Siejesfroh, die alte Trulla.

Oma haut se mitn Besen –
dit war Trulla mal jewesen.

Klemmt sich dit Bübchen untan Arm,
schlurft int Stübchen, wo et schön warm.

Oh, wie jöttlich is sein Schnulla!
Willi träumt von Schnapp, Schnupp, Trulla.

Faulheit wird bestraft

Schmusend sitzt de Jungfa Ammer
mit ihrn Köta inne Kamma.

Schnick frißt nur Süßet – echt meschugge –,
watschelt rum, fett wie ne Glucke.

Un nachts zusamm' in ihr Bett
hamset warm, jemütlich, nett.

Da hat mal beim Spazierenjehn
'n Hundefänga Schnick jesehn.

Er lockt ihn schlau mit süße Sachn.
Da kann dit Fräulein janüscht machn.

Se schreit: »Bei Fuß!« Denn kippt se um.
Schnick kommt in' Sack. Mensch, is der dumm!

»Hilfe, Hilfe – wat forn Jamma!
Wer kommt nu in meene Kamma?«

Weila dußlich, faul un dick,
sitzta fest, der kleene Schnick.

»So wat Doofet muß ick schlachtn.
So een Hund kann ick nich achtn.

Nu noch ne Bolle an dein Been,
denn rin in' Topp, dit brutzelt scheen.«

Hysterisch schreit se uff de Schwelle:
»Hier, zweemarkfuffzich – für Schnicks Pelle.«

Ausjestoppt steht da ihr Schnick.
Wer faul un doof, der hat keen Glück.

Dit Rabennest

Zwee Bengels, keß un heita,
schleppn vajnücht ne Leita.

Im Nest drei kleene Raben –
die wolln de Strolche haben.

Uff eenmal kippt de Leita um.
Die Raben blinzeln schlau un stumm.

Beede steckn tief im Dreck,
Beene hoch, de Köppe wek.

Da kommt ’n Jäga an den Ort
un schreit zum Köta: »Hopps, Apport!«

Der Hund springt rin, hat een im Maul.
Der Jäga qualmt un kiekt echt faul.

»Jetzt hol mir den andern raus!« –
Der Hund denkt: Ick? Ick jeh nach Haus!

Nu tappt der Jäga selbst int Moor
un zieht den zweetn Bengel vor.

Da loofn se zaknürscht un leis –
oben schwarz, am Hintan weiß.

Der Jäga un sein kleena Hund
ham schwarze Stiebel – sonst jesund.

Die drei Raben, hippie-lookie,
tanzn keß 'n Boogie-Woogie!

Die Flieje

Der Herr Inspektor is janz nett,
doch seine Plauze viel zu fett.

Un eenmal, als er er döst un brummt,
ihm wat um seine Neese summt.

Da kiekta hoch un is aschreckt:
»Vadammt, wer hat mir uffjeweckt?

Menschenskind, ick kriek de Platze!
Wer rutscht üba meene Glatze?!

He, du unvaschemte Flieje,
wart's mal ab, wenn ick dir krieje!«

Listisch schleichta zu de Tasse,
det dit Luda er erfasse.

Na, is dit dufte? Aussem Stand
packta dit Biest mit eene Hand.

Un durch de Finga kiekta dann,
ob er se mal beäujeln kann.

Da haut se ab, er hält een Been
un staunt un jlotzt un kann se sehn.

Sie muß hinkn uff een Schinkn.
Er tut mit de Klatsche winkn.

Jetzt hata sich wat vorjenomm';
der mächtje Sessel wird erklomm' …

Nu fliejen dreie! Jott, dit fetzt!
Die Flieje hat sich abjesetzt.

Un wieda ziehta in den Kampf:
»Wat kost' de Welt? Ick hab noch Dampf!«

Schnell ruffjekloppt mit janza Kraft –
nu isse dot. Er hat's jeschafft

'n Held braucht öfta seine Ruh,

doch manchmal kommta nich dazu!

Der hintalistische Heinrich

»Komm, Heinrich«, ruft die Mama hier,
»willste ne Prezel? Is für dir.«

Heinrich freut sich un denkt weita:
Ick fang Jänse, dit wird heita.

Schon loofta fix zum Tegla See.
Een Entchn kommt, er schnappts – o weh!

Dit schreit und zappelt inne Hand.
Die Alten – außa Rand und Band.

Eene Jans krichtn zu fassn:
»Willste wohl meen Kleenet lassn?«

Da flieschta hin – jeschieht ihm recht!
Die Jänse beißn, ihm wird schlecht.

Nu jeht's mit Heinrich inne Höh
un jrade üban Tegla See.

Bald sind se üba Mamas Haus,
wo't dicke qualmt zum Schornstein raus.

Kleen Heinrich rutscht, zuerst der Kopp,
jenau in Mamas Suppentopp.

Mit ne jroßn Bratnjabel
zieht se'n raus – er hält 'n Schnabel.

Da stehta nackisch, weent un mault.
Die Suppe hata ooch vasaut.

Doch de Jänse, froh un heita,
watscheln bis zum Kochtopp weita.